珍藏本
纪念版

汉译世界学术名著丛书

建设自由共和国的简易办法

〔英〕约翰·弥尔顿 著

殷宝书 译

商务印书馆
SINCE 1897
The Commercial Press

2017年·北京

John Milton

THE READY AND EASY WAY TO ESTABLISH A FREE COMMONWEALTH

中译本根据由派特逊(F. A. Patterson)所编的《学生的弥尔顿》(*The Student's Milton*)

纽约克罗夫茨公司 1931 年版译出

汉译世界学术名著丛书
（120 年纪念版·珍藏本）
出 版 说 明

2017 年 2 月 11 日，商务印书馆迎来 120 岁的生日。120 年前，商务印书馆前贤怀揣文化救国的理想，抱持"昌明教育，开启民智"的使命，立足本土，放眼寰宇，以出版为津梁，沟通中西，为中国、为世界提供最富智慧的思想文化成果。无论世事白云苍狗，潮流左右激荡，甚至战火硝烟弥漫，始终践行学术报国之志，无改初心。

迻译世界各国学术名著，即其一端。早在 20 世纪初年便出版《原富》《天演论》等影响至今的代表性著作，1950 年代后更致力于外国哲学和社会科学经典的译介，及至 1980 年代，辑为"汉译世界学术名著丛书"，汇涓为流，蔚为大观。丛书自 1981 年开始出版，历时三十余年，迄今已推出七百种，是我国现代出版史上规模最大、最为重要的学术翻译工程。

丛书所选之书，立场观点不囿于一派，学科领域不限于一门，皆为文明开启以来，各时代、各国家、各民族的思想与文化精粹，代表着人类已经到达过的精神境界。丛书系统译介世界学术经典，引领时代思想，为本土原创学术的发展提供丰富的文化滋养，为推动中国现代学术和现代化进程做出了突出的贡献。

为纪念商务印书馆成立120周年，我们整体推出“汉译世界学术名著丛书”120年纪念版的珍藏本，寄望既利于文化积累，又便于研读查考，同时向长期支持丛书出版的译者、编者和读者致以敬意。

两甲子后的今天，商务印书馆又站在了一个新的历史时间节点上。我们不仅要铭记先辈的身影和足迹，更须让我们的步伐充满新的时代精神。这是商务人代代相传的事业，更是与国家和民族的命运始终紧密相连的事业。我们责无旁贷，必须做好我们这代人的传承与创造，让我们的努力和成果不仅凝聚成民族文化的记忆，还能成为后来人可以接续的事业。唯此，才能不负前贤，无愧来者。

商务印书馆编辑部

2017年10月

译者前言

弥尔顿是17世纪英国的著名诗人和共和主义政论家。在1640年到1688年英国资产阶级革命的过程中，他以热情的赞扬鼓舞了革命高潮的推进；以自然法学说和人民主权思想维护了共和制度和处死暴君查理一世的权利；在革命落入低潮，遭到斯图亚特（Stuart）王朝复辟的危机之际，他则不惧凶险，提出共和主义理论以抵制。虽然弥尔顿未及看到革命以1688年的资产阶级和贵族妥协告终的结局，但他所坚持不渝的反对国教会、反对专制暴君、争取宗教自由和共和制度的思想，是对革命的结果有着直接影响的。当然，由于弥尔顿是中等资产阶级的代表，在政治主张上是接近和拥护当时以克伦威尔（O. Cromwell）为首的独立派的，他就不可能提出彻底的民主主义的政见。他在反封建的同时也具有反人民的一面。他提出的人民主权不过是资产阶级的主权，他主张的共和制度就是以资产阶级为统治者的共和国，他理想的议会是由资产阶级代表把持的议会。被他斥为“粗野群众”的劳动人民，在他看来是不能作为“理性”的代表而应被排除在管理国家大事的可能之外的。尽管弥尔顿写过像《论出版自由》(*Areopagitica*, 1644)、《为英国人民声辩》(*Pro Populo Anglicano Defensio*, 1651)和《再为英国人民声辩》(*Pro Populo Anglicano Defensio Secunda*, 1654)等慷慨激昂的文章，在捍卫资产阶级的自由民主权利、摧毁封建专制制度的斗争中起过进步的作用，对后世的美国独立运动、法国资产阶级革命也留有很大的思想影响，但对他这种资产阶级本性在政治思想上所表现的局限性，我们不能不予指出。

这里译出的《建设自由共和国的简易办法》(以下简称《自由共和国》)一文，是弥尔顿在 1660 年年初所写。当时正是查理二世(Charles Ⅱ)复辟的前夕，弥尔顿提出改革议会的具体办法，希图借此保住共和国，抵挡专制复辟的逆流。为说明弥尔顿发表这篇文章的背景，我最好把 17 世纪英国资产阶级革命过程中几件大事列出简表来：

1640 年　召开长期议会(代表资产阶级),它开始与国王查理一世(Charles Ⅰ)进行斗争。

1642 年　武装斗争开始。

1646 年　议会军胜利,国王投降。

1648 年　普莱德(T. Pride)上校清洗议会中长老派(资产阶级右派)。

1649 年　残缺议会处死查理一世,宣布共和国成立。

1653 年　克伦威尔解散残缺议会,召开小议会,旋即解散,自任护国公。

1658 年　克伦威尔逝世,他儿子理查(Richard Cromwell)继任护国公。

1659 年

5 月　恢复残缺议会,理查退位。

10 月　兰伯特(J. Lambert)将军解散残缺议会。

12 月　再恢复残缺议会。

1660 年

2 月　蒙克(G. Monk)将军扩大残缺议会,恢复 1648 年被普莱德上校清洗的长老派议员(等于恢复革命初期的长期议会)。

3 月　在蒙克将军命令下，长期议会解散，另行召集新的自由议会（弥尔顿这时发表《自由共和国》）。

4 月　召开自由议会（《自由共和国》这时再版）。

5 月　自由议会宣布取消共和国，查理二世复辟。

从简表里我们看出英国资产阶级革命在短短的十数年内经历了极大的起伏。自 1649 年以后，查理一世虽然被处死了，专制王国取消了，但是共和国一开始就是个不完全的残缺议会，继而是克伦威尔的专政，克伦威尔死后，便是军人干政，致令议会时而召开，时而解散。中央政权这样不稳定，自然引起人心的惶惑，并给予查理二世以钻空子的机会。

在这危急的时候，弥尔顿发表了这篇文章，提出他对当前政体的看法。他认为人民政权应放在全国最高议会，这个议会的成员应由士绅提名，分层逐步选出，并授以终身职务。只有用终身职务的好人议会代替当时的历届更选的议会才能给国家以牢固的基础。但为保证最高议会不腐化、不专断，最好是实现地方自治：各郡应自有郡政府，管理有关本郡的一切事务，并表决最高议会的重要议案。所有弥尔顿的这些想法是参考了当时荷兰的共和国体制、柏拉图的《理想国》和当前的实际可能性的。弥尔顿提出的不是怎样有系统的政治理论，也不像掘地派的温斯坦莱（G. Winstanley）的理论那样激进，而只是要消除目前存在的政治不稳定，消除斯图亚特王朝的迫在眉睫的复辟。实质上，弥尔顿认为目前残缺议会议员既和长老派议员合成统一的议会了，他们便可宣布议员是终身职务，以后全国不再进行大选，只需随时补充一些缺额；[①]他认为他们应在地方权力监督下，管理国家大事，并把地方工作下放到郡里；他认为这一切既是为全民自由与民主着想，那么，如果反动势力或部分人民群众竟然反对，其余的人便有权力用武力来镇压他们。在这篇文章前面的那封给蒙克将军的信里，弥尔顿表示了这种意见。

但是在反动势力蛊惑下，大部分人确已准备投降了，

① 见马森（D. Masson）：《弥尔顿小传》（*Memoir of Milton*）。这篇文章载马森所编《弥尔顿诗选》〔*Milton's Poetical Works*，麦克米伦公司（Mac-Millan and Co.）1890 年版〕。

大难就要临头了，所以文章在提出建设自由共和国的同时，反映出作者对反动的斯图亚特王朝的愤怒与蔑视，对共和国光荣业绩的眷恋与惋惜，以及对投降主义者的指摘与厌恶。从当时革命者的立场说，尤其从曾做过很大牺牲的弥尔顿的立场说，这种感情是很自然的。

弥尔顿是英国大诗人，重要的诗篇有《失乐园》(*Paradise Lost*，1667)、《力士参孙》(*Samson Agonistes*，1671)等。他说写散文只用了他的“左手”，但他这只“左手”也还是坚强有力的，虽然文笔有时很别扭，结构有时很纠缠。当然，《论出版自由》是他的精心之作，而《自由共和国》这篇文章却在仓促中写就，所以缺少些修整的工夫。但作为他的散文风格的一些特征，如想像的丰富、感情的激烈、气势的磅礴、引证的渊博等，在这里还可以概见一斑。

本文是按派特逊编的《学生的弥尔顿》的版本翻译的：在注释方面多半参考了洛克伍德(L. Lockwood)编的《弥尔顿文选》(*Selected Essays of John Milton*)。

目　次

概述目前建设自由共和国的办法

容易实行，不宜拖延

与蒙克将军书[1]

首先应迅速采取一切办法使本届大选选出的议员[2]（按议会前已颁布的选举条例[3]选举；据悉该条例并未取消）是坚决要建设或倾向于建设没有独夫、没有上院的自由共和国的人。假如新议员不是这样而是相反的人物，

① 蒙克将军是驻苏格兰的英军司令，是实际掌握军权的人。1660 年 2 月，他把军队开进伦敦，控制议会。弥尔顿为促使蒙克将军注意他的小册子，特在小册子卷首给他附一封公开信。信中概括了小册子的主要论点。——译者

② 本届大选选出的议员指最近决定的将在 4 月末召开的自由议会的议员。——译者

③ 见本书第 32 页，注①。——译者

假如不采取有效措施立即防止的话，谁不会料到我们的自由将在这一届议会里完全丧失呢？最爽快的办法是立即召来各郡的主要士绅，把我国恢复王权的危害与由此而产生的混乱——尤其是在违反一切慎行与先例的情况下恢复一个曾被废弃的、因而不应得到报复机会的王室，这样做的危害与由此而产生的混乱，交代给他们，正如阁下给军队印发的信件和对议会议员发表的声明中所交代的那样。您能够立即满足他们多年来的愿望，并能尽快地把自由共和国交到他们手里，如果能叫他们立时回郡，并在每个城市或大镇里（这种镇可以提升为城）选出——至少要由那些有资格的选民去选——一个常设议会，以便经常商讨那个城和毗连的一些地区的福利事业与发展问题；并执行无论已有的还是各郡自己将要制定的法律，掌握所有的秉公处理公民之间各种问题的司法机构和行政组织，以及所有的文教机关、学校，等等。凡涉及几个郡或地区的人民之间的问题，可以在伦敦或其他更方便的地方由公正的法官进行公断。

其次，在每一个这样重要的地方，人们要选出原定数额的主张建设共和国的最干练的城乡议员，以便参加议会或全国最高(或总)议会(今后最好这样称呼)。这一议会的职务是:在一定条件下,统率由阁下指挥的海陆军队①,以保卫国内外的安全与和平;征收与管理国库岁入,但账目须受预先规定的检查;管理一切外交事务,制定一切全国性的法律,决定和平与战争,但这一切必须取得每一城市的常设议会或类似的特殊召开的全区会议的同意。这些城市的常设议会或全区会议可以没有多大困难地在原地开会,充分讨论有关问题,并在限定时期内派代表送呈所表决的意见。

这个最高议会的议员虽是终身职务(我在书中②证明了这样做最好,并符合最好的先例),但因他们受到上述种种限制,手中掌握的职务和权力便不足以危害我们的自由;而人民因有自己制定的法律,对共和国全国事务又有自由表决权,手中掌握的东西便足以控制最高议会:

① 从这一句看,在弥尔顿的共和国里,军队仿佛是独立的。——译者

② 指弥尔顿的《建设自由共和国的简易办法》这本小册子。——译者

所以我们没有理由疑惧其成员皆终身供职的总参议院；它只是我们整个共和国的自由、和平与统一的牢固的基石与看护人，以及外交事务的执行者。如果我们还以为不足，那么最后还可以采用众所周知的轮流退职的办法。

最后，如果召集来的士绅拒绝接受这些立即可以实现自由与幸福的公平高尚的建议，不成问题，在每个郡里都会找到足够的人愿意接受这些建议；而阁下也可以再一次宣布这就是您的意旨，您那支忠诚而善战的队伍一定会愿意帮您实现您的意旨。这是因为人们想望最久的是在每个郡里享有全部与绝对的法律行使权（这是上述建议中最难实行的一个建议），这一权利始终不曾交给各郡，所以造成了普遍的不满。其余的人看见本书所建议的这些制度开始施行了，并看见它们产生了合法的、正当的、文明的、安全的、崇高的效果时，不久便会心悦诚服，并出于自愿地逐步来做这种幸福政体的享有者。

建设自由共和国的简易办法

自由共和国的优点

恢复王国的不利与危险

“我们劝告过苏拉，现在应该劝告人民了。”①

写完这篇文章以后，虽然国内情况略有变化——新

① 原文是拉丁文：“*Et nos Consilium dedimus Syllae, demus populo nunc.*”弥尔顿未注明这句拉丁文的出处。罗马诗人尤维那里斯（Juvenalis 纪元 1—2 世纪）所著《讽刺诗》（“*Satirae*”）第 1 卷第 1 篇第 15—17 行有“我们劝告过苏拉，最好请他退休”（*et nos Consilium dedimus Sullae, privatus ut altum Dormiret*）一语。弥尔顿所引拉丁文的前半句可能出于此处，后半句可能是他自己添上去的。

弥尔顿提到的苏拉显然是指蒙克将军。所谓“劝告”指的是弥尔顿写给蒙克将军的那封信。1660 年 2 月蒙克将军自苏格兰率军南下，进驻伦敦，其声势和苏拉在纪元前（接下页注）

大选令撤回了，当初被排除的议员又恢复了议会的席位[①]——但我觉得十分欣慰的是，当局又在发表建设自由共和国的决心，并将尽一切可能消除某些骗子手近来所灌输的并在许多人的头脑中由于毫无原则以及对时局颇多误解而有所滋长的那种重新为奴的有害思想。我想在这种情况下，最好不要毁掉我这篇文章；我希望在我们选举自由议会[②]的过程中或在议会自由讨论政体的过程中公开地发表这篇文章能发挥更大的作用；议员们应该听取一切有益于他们决定国策的意见；史书上没有过任何政府、也极少有暴君，在讨论国家大事时竟如此自弃，以至于拒绝倾听别人的意见，甚至于认为别人提意见就

(接上页注)88 年进军罗马时相似，所以弥尔顿以苏拉比蒙克将军。参看本书第 41 页，注②。——译者

① 小册子初版大约发表于 1660 年 3 月初。当时只代表独立派的残缺议会因名额太少，曾下令补选议员。一月后小册子再版时，蒙克将军却命残缺议会收回补选令并恢复 1648 年被普莱德上校清洗的长老派议员的议席，于是长老派又入议会，形势有了变化。——译者

② 参看本书第 31 页，注②。——译者

是无礼犯上。假如他们坚决要奴役我们,也应该在我们遭受长期奴役之前,先给我们一点忏悔的时间,让我们畅所欲言,与自由永诀。这本小册子由于前一版出书仓促,多有舛误,并在未及更正之前便已散发多册,所以我趁此机会对原文,尤其对叙述其成员皆终身供职的参议院的那一部分加以修订并略加补充。下面就是修订补充后的文章。

英国议会从长期的教训中认识到君主制是一种不必要的、累赘的、有害的政体,①所以在人数众多的、为保卫宗教与公民自由而对议会最为忠诚的人民的支持下,公正而豪迈地取消了君主奴役制,从而建立了自由共和国,使嫉妒的邻邦既羡且惧。他们认为自己无论从天理还是从宗教来看都不再受旧日契约的限制了;因为国王后来做出的和后来被我们发现的那些背信弃义的行为,以及我们对这些行为的日渐深刻的认识,逐渐地解除了我们

① 1649年1月30日处死查理一世,2月7日议会通过决议说,“国王一职是不必要的、累赘的并且有害于全国人民的自由、安全与利益的,因而应当取消”。——译者

对他和他的后裔的契约关系；这是拒绝暴政的一切有智慧的民族一向采取的正义的、慎重的行动。他们原来订立契约，“保存国王和他的权力，是为了保存真正的宗教和人民的自由”①，而不是为了要他竭力给我们的信仰带来天主教，②给我们的自由带来枷锁，给我们的生命带来毁灭：并不是要他引起（如果不是参与策划，像我们后来发现的那样）爱尔兰的大屠杀③，要他掀起并装备大叛变，要他暗中勾结反对我们的叛徒，要他不止七八次地拒绝那些由英国和苏格兰议会提出的、关于真正的宗教与

① 这是从1643年英国和苏格兰签订的“庄严同盟与契约”(*Solemn League and Covenant*)中引来的话。该契约规定根除天主教与主教制并建立长老派教会。——译者

② 当时王后昂利埃塔·玛丽亚(Henrietta Maria)为天主教徒，因而查理一世不能采取严格禁止天主教的政策；查理的助手，坎特伯雷大主教劳德(W. Laud)也时时企图恢复天主教仪式。——译者

③ 1641年10月23日，爱尔兰爆发了在天主教旗帜之下的民族起义，杀死新教徒数千人。——译者

自由的十分公正和必要的建议。[1] 他们和国王所定的契约并非像和上帝所定的契约那样;他们对他并未像约伯对全能者那样作出诺言:“即使杀死我们,也要仰赖他。”[2]他们懂得,载有我们一致废弃君主制的誓言的那个庄严的盟约[3]并没有破坏从前的契约,[4]正如这一契

① 议会与查理进行过多次会谈,主要的结果有 1643 年 2 月的牛津条约;1645 年 1 月、2 月的阿克斯布利吉(Uxbridge)条约;1646 年 2 月、3 月的苏格兰人的建议;1646 年 7 月的十九项提议; 1647 年 4 月 21 日的提议;1648 年 9 月、10 月的纽波特(Newport)条约等。——译者

② 见《旧约全书·约伯记》,第 13 章第 15 节。英文本圣经此句为:“即使杀死我,也要仰赖他。”中文本圣经此句为:“他必杀我,我虽无指望,然而我在他面前还要辩明我所行的。”——译者

③ 庄严的盟约指 1649 年议会制定的盟约,其中载有:“我声明并保证我对没有国王和上院的英吉利共和国是忠诚老实的。”——译者

④ 从前的契约指 1643 年订立的庄严同盟与契约(见上页注①)。其中第二款载有:“我们不论何人必须同样地努力根除天主教。”——译者

约并没有破坏从前的声明[①]一样；无论在字斟句酌的文字方面，还是在契约所载“不论何人”这一规定方面，盟约都忠实而审慎地继承了契约和声明的精神。当他们服事不了两个敌对的主人，即上帝和国王，或国王和首先为维护我们的安全与自由而宣誓制定的、高过于国王的那种法律的时候，他们就是这样理解的。他们知道英国人民要做自由人，他们自己是这种自由的代表。虽然有不少人被逐出议会，[②]还有不少人从混乱（这是逃亡者的遁词）中逃到牛津去，[③]可是他们这些留在议会中的人，还

① 指1641年议会起草的声明。声明的第一句说，“在万能的上帝面前，我保证、宣誓并声明要用我的生命、权力、财产在法律所许可的一切范围内，保卫英国国教所主张的真正改革的新教，反对一切天主教和它的新花样”。——译者

② 查理一世被监禁后，议会中长老派主张与国王妥协。军人普莱德上校在1648年12月6日代表独立派逮捕和驱逐长老派议员一百四十余人。议会只剩下五十余名议员，叫做残缺议会。1649年处死国王、成立共和国的就是这个议会。——译者

③ 国王于1642年11月在牛津建立大本营，许多王党议员由伦敦逃至牛津，参加国王的军队。——译者

有足够的人数，可以进行工作，①因此就不受从前历届议会的任何法令的限制，而只受自然法的限制。② 这种自然法才是全人类根本的、真实妥当的法中之法，是全部政治的开始与终结，是任何议会或人民进行彻底改革时可以而且必须依据的法律；正如人们进行宗教改革时（如果要彻底的话）已经凭借而且还得凭借圣经条律一样。他们当然不能凭借教会法规，不管它们的历史如何悠久，如何经过本国法令的承认和确定；因为这些法令多半只是

① 议会议员名额原定为五百人。内战开始时，逃亡者占三分之二，仅余百余人。1645 与 1646 年补选二百三十五人，但以后又有不少议员逃亡或被驱逐。到审判国王时，仅有五六十人。——译者

② 弥尔顿认为，人定的法与上帝移植于人心中的法即自然法之间有根本的不同。他在《论基督教教义》（*De Doctrina Christiana*）一书中写道："上帝的法有成文的，也有不成文的。不成文的上帝的法就是上帝当初给予亚当（Adam）的自然法。这种法有一些痕迹或不完全的光辉仍然保存在一切人的心上。"弥尔顿认为成文的上帝的法是圣经上所记载的法。——译者

实在法，既不是自然法，也不是道德法。任何议会根据正当的、重要的理由，是可以毫不犹豫地随时加以取消的。

如果议会里其他议员在上述方面遭受了暴力，这些人并没有遭受暴力，他们是有自由意志的；因而在其他议员被自己抗拒不了的力量逐出议会时，这些人便不应放弃政权，不应把维持国家和平与治安的职责随便丢开，不应置人民于无政府与混乱状况之中；即使离开的议员很多，以致从形式上看，离开的倒可以比留下的人形成更合法的包括三个阶级的议会[①]时，他们也不该这样做。议会在重要问题上意见有分歧时，人民中那些最有主张、最有原则的人，绝不考虑议会里哪一方人数最多，而是考虑哪一方理由最充足、办法最稳妥。同时在遇有好的动议或建议时，他们也绝不检查该动议或建议的通过是由于外人的压力还是由于自己的信服[②]，也不

① 三个“阶级”的议会，即僧侣贵族（主教）、世俗贵族与平民。议会是由这三个“阶级”组成的。——译者

② 议会中的长老派在军人压力之下，常不敢表示他们对国王的妥协态度。——译者

以表决者的动机[①]衡量选票和建议；因为他们知道，动机只是别人的猜测，或是来不及弄清楚的东西；而且即使动机是好的，单有动机并不能做出好事，也不能防止坏的后果。假如动机不良而事情从其他方面来看都是做得好的，那么，好事即使是那些动机不良的人做的，同样也会在国内得到人们的顺从或遵循，因为在教会里谁都不愿追随宣传福音的加略人[②]或术士西门[③]，尽管他们各有贪婪的目的，而宁愿追随残害福音的扫罗[④]，虽然他的心地很正直。

因此按照自己的意见来判断建议的好坏，不管好建议里是否藏有不好的目的，也不管坏建议里是否藏有十

① 残缺议会议员多有贪污腐化、卖官鬻爵的行为。1653 年克伦威尔解散这个议会并召集仅有一百四十名议员的小议会。这里说的动机可能指那些贪污腐化行为。——译者

② 加略人(Iscariot)即出卖耶稣的犹大。——译者

③ 术士西门(Simon)，见《新约全书·使徒行传》，第 8 章第 9 节。——译者

④ 扫罗(Saul)，见《新约全书·使徒行传》，第 8 章第 3 节。——译者

分善良的动机，人们能这样做是比较稳妥的。然而他们用不着研究就知道在议会里和在城市里一样，大部分人可能是腐败的；①因而对于切身问题，人人会自己下判断，也不会轻易地容许在他们最大的议会里腐败的或轻信的选票所造成的优势比敌人公开进攻所造成的优势给他们带来更大的危险；因为他们认为在重要问题上，不该让多数永远决定一切。因此，如果反对派企图在会议中捣乱，对那些无此企图、然而处境确实危险的人，这又算得了什么呢？何况有这种认识的人不只是他们，还有他们很多的（虽然不算最多的）可靠的同胞。这些人的分量大于反对派的数量：数量是没有根本意义的；智慧在处理一切事物时，考虑的是分量、是办法、是人们如此审慎衡量的两方面的危险。

经受了长期艰苦和七年战争之后，人们从条约中收获的果实却少得可怜②。我们如果坚持条款，得到的至

① 腐败的，可能指主张与国王妥协的议员。——译者

② 这一段指1648年议会与国王商谈的最后一次条约，即纽波特条约。议会要求管辖民兵二十年，查理（接下页注）

多是二十年的安全，而且只能有三年的宗教改革，以后还得想办法去临时应付已被我们征服的主子。他所说的和我们的概念完全相反的正义、荣誉和良心，可以给他提供许多遁词，不久在《追究血案》[①]那本书里这种遁词就真

（接上页注）答应十年。议会要求根除主教制并建立统一的长老教派，查理答应建立长老教制三年，同时允许其他教派自由。议会要求没收主教的一切土地，查理不同意土地脱离教会，但同意租借九十九年。在教会问题上查理最后的让步是三年长老教制以后，虽然恢复主教制，但主教授圣职须征求长老的意见，而且主教司法权应由议会加以控制。国王要求大赦应对双方都有效，而上院表决可以赦免的只有七人。凡直接或间接帮助国王的人，均称犯罪人，他们的财产应暂时充公。议会实际要求的不是国王不能再给议会立法，而是接受议会所立的法。国王在各点上虽都做了让步，上院也有意接受他的让步，但下院根本不相信他有什么正义感、荣誉与良心，所以最后还是推翻了他的全部提议。——译者

① 《追究血案》(*Regii Sanguinis Clamor ad Coelum adversus Parricidas Anglicanos*)是1652年王党发表的拉丁文小册子，攻击弑君者与弥尔顿个人。弥尔顿在1654年答以用拉丁文写的《再为英国人民声辩》。——译者

相毕露了。主教并没有完全取消，而像是埋伏中的后备军，还是独掌授圣职的权力；他们的地产虽被出卖，却不转移产权，只算是租借，而且他们把出卖土地叫作亵渎神物；没有几个犯罪人得到应得的惩处；从犯受惩了，不可饶恕的主犯在负隅顽抗后也被征服了；那么，他就该唯命是听，不该发号施令了；可是我们还得哀求他，和他办交涉，感谢他皇恩浩荡，对我们作了让步；还得尊敬他、崇拜他、歌颂他的功德。

如果我们宣誓要这样做，在上帝面前，我们得有多高的德行，多深的自信，才不至于把大海般的血腥罪恶倾注在自己的头上？可是，另一方面，如果我们赞成自由政体——即使一时还不能享有，但人们所有的那些忧虑与困难，①将由事实证明是容易克服的——我们就可以得到永久的安全，不怕企图报复的君王，免受王室的陷害；就可以保得住自由的主要方面，即宗教自由；就可以更容

① 这些忧虑与困难可能指军人专政以及议会没有代表性等问题。——译者

易恢复新政府尚未还给人民的政治自由，[①]因后者并不像复辟的国王那样狡猾与可怖。而且新政府所有的活动，无论国内或国外的，也不算配不上一个光辉灿烂的新兴共和国；我们的军队与人民的表现，无论在宣言或文章里也都证实了英国人民并不亚于古希腊人或古罗马人：我们也有高尚的品质，是应该享有共和国的自由的。而且我们在基督教国家范围内也的确有效地捍卫了我国的英雄事业，挫败了一位鼎鼎大名、据说是不可战胜的敌人的宣传攻势；我们为豪迈地维护自由、为胜利地铲除气焰万丈的两个人权蹂躏者，即迷信与暴政，而表现的坚贞与毅力，也曾在一篇文章[②]中得到赞美与

① 可能指克伦威尔护国时期实际上没有民主与自由。——译者

② 查理一世被处死后，流亡法国的查理二世雇用荷兰立顿大学教授撒尔美夏斯（Salmasius）——当时大陆上名气最大的一位拉丁文学者——在1649年发表《为英王声辩》（*Defensio Regia pro Carolo I*）一本小册子，进行宣传攻势，反对新兴的英吉利共和国。弥尔顿当时任共和国政府拉丁文秘书，受政府之命，在1651年发表《为英国人民声辩》。他在（接下页注）

颂扬；这篇文章大概不是任何诽谤所能消灭的，因为它已经使得不少诽谤者尤其是国外诽谤者，心悦诚服或哑口无言。

在我们如此顺利地进行斗争、取得并享有政治与宗教自由许多年之后（其间虽曾有几年中断，幸上帝已给我们恢复常态），在我们今天应该说是充满了希望、定能立即建成一个永久而牢固的自由共和国的时候，我们这人人颂扬的伟大民族，不顾已经取得的辉煌成就，不顾上帝给予的有力支持，竟想突然倒退，更确切些说，竟想（如同群众似乎会做的那样）卑鄙无耻地爬回我们所深恶痛绝的君主奴役中去；我们竟想诽谤自己所做的正义而虔诚的事业，虽然当时在我们事业中确有人抱着贪婪的目的或别具野心（但他们的肮脏目的玷污不了大家的事业，他们也中伤不了别人的正直品格）；我们由于厌恶教会和国家所做的好事的动机，竟想丢掉、放弃，更确切些说，竟想出卖我们正义的、崇高的事业，只因为有些坏分子从中捣

（接上页注）这本书里伸张革命的正义，反击撒尔美夏斯，极尽舌辩之能事，使后者丢尽脸面，一时不敢答复。——译者

鬼、胡作非为(假如我们的教父也是这样,也以同样的口实放弃了真正的宗教,那么我们的福音和严重地夹杂着某些改革者的贪婪和野心的一切新教改革早就成了什么样了呢?);我们由于这样倒退,竟不惜证明那些得意洋洋的敌人对我们所做的恶毒预言的正确性,使敌人认为自己曾经高明地看出我们以及我们的一切行动是鲁莽的、背叛的、虚伪的、渎神的,并曾公正地加以谴责——这不只说明了在我们中间正在迅速地传播着一种使人准备重新为奴的乖僻而堕落的邪说,而且这也将把我们变成所有邻邦的讥讽与嘲笑的对象!

他们将来讲起我们英国人、讲起我们整个英国时,充其量会说什么好话呢?难道不是冷嘲热讽,就像讲起救世主所提到的那位营造大楼而未能完成的愚蠢的建筑者①时一样吗?我们共和国这座华美的大楼,我们英国人吹嘘要建造的、压倒帝王并成为西方罗马的大楼在哪

① 见《新约全书·路加福音》,第14章第28—30节。——译者

里呢？不错，我们曾经英勇地把地基奠定了，可是我们陷入了党派的（不是语言的）混乱，[①]比建筑巴别塔[②]的人还可耻；我们不曾留下一点纪念，只不过贻笑欧洲而已。我们的邻邦联省共和国[③]就一切表面的有利条件而论是不如我们的，可是在面对更大的困难时，他们却能勇敢明智地、始终不渝地完成其事业，因而直到今天还安定而幸福地享有一个富强的共和国；只要看一看这个邻邦，我们更觉得万分羞愧！

① 1649年签订盟约后，国内各党派风起云涌地出现。当时克伦威尔警告议会说："我认为我们的危险来自自己的不团结甚于来自敌人。"党派中有第五王国拥护者，他们要求教会管理政府；平均派，他们反对设立上院与国务院，主张更全面的个人自由；军队中有人因不信任议会而组织叛变；有人认为应解散议会，重新进行大选；此外还有为宗教问题而形成的各种组织。议会一时难于控制这一切。——译者

② 见《旧约全书·创世纪》，第11章第1—9节。——译者

③ 联省共和国，即荷兰等七省组成的共和国。——译者

此外，假如在恢复君主制后不久我们又翻悔了[①]（当我们开始发现自己的信仰逐渐受到过去的那种侵害时，我们一定要反悔，而由于利益一致而密切结合起来的国王与主教一定会侵害我们的信仰[②]），我们可能被迫再一次进行已经进行过的战斗，再一次忍受已经忍受过的牺牲；但是，我们再也不能像今天这样恢复这么多的自由，不能像今天这样享有自由，不能得到上帝为我们的事业曾经恩赐我们的那种慈悲与巨大援助。这是不可能的，假如我们由于忘恩负义、倒行逆施而把一切成就尽付东流；假如我们现在接受国王的条件，忘掉在我们呻吟于暴政之下向上帝再三呼吁时上帝给我们的恩赐；假如我们把牺牲性命、使我们享有今天这种自由的千万个忠勇的英国人的鲜血白白地糟踏掉，使它比尘土还不如；假如我们在赢钱后的一场稀奇的、愚蠢的赌博中输掉了我们已

① 这句话是终于实现了的预言。1688年英国议会推翻詹姆斯二世（James Ⅱ），迎接荷兰执政者威廉为英王，称为威廉三世（William Ⅲ）。——译者

② 詹姆斯一世说：“没有主教，就没有国王。”——译者

赢得的一切战绩，其中包括任何国王都不曾征服而被我们征服了的苏格兰，白费了我们的财宝——不止物质的财宝，还有我们那些珍贵得多的财宝——我们那些惊世的文章；假如我们沿着进行宗教改革时留下的幸福足迹，徒然又走回头路；假如我们令人痛心地剥夺自己唾手可得的果实——自由政府，虽然这果实是我们惨淡经营的，是自由共和国，是各时代明达之士[①]认为最崇尚、最坚强、最平等、最公正的政府，是最符合无论人间的、世俗的还是基督教的一切应有的自由和适当的平等的政府，是最崇尚道德与真正的宗教的政府，而且（我几乎可以肯定地说）是我们救世主在显然摈斥君主、在用异教字样指摘君主制的同时，向一切基督徒直接推荐的，更确切些说，命令他们建立的政府。

---

① 明达之士指柏拉图〔Plato 著有《理想国》(*Republic*)〕、亚里士多德〔Aristotle 著有《政治学》(*Politics*)〕、西塞罗〔Cicero 著有《论共和国》(*De Republica*)〕、莫尔〔T. More 著有《乌托邦》(*Utopia*)〕、培根〔F. Bacon 著有《新大西岛》(*New Atlantis*)〕等人。——译者

上帝给以色列人立王的时候，心里很不痛快，认为他们要求立王是一种罪行；[①]基督则明言禁止他的门徒承认这样的异教政府。他说："外邦人有君王为主，治理他们，那掌权管他们的称为恩主。但你们不可这样。你们里头为大的，倒要像年幼的；为首领的，倒要像服事人的。"[②]基督的话是在西庇太的两个儿子[③]野心勃勃、想在基督的王国中凌驾于同胞之上时说的，因为他们以为基督的王国就要出现在人间了。由这一比喻的前一部分看，很清楚，基督指的是民间政府；那么，后一部分自然也指同类的东西了。在一个自由共和国里，最大的人物永远是公家的仆人、差役，他们开销的是自己的钱，[④]耽误

① 见《旧约全书·撒母耳记(上)》，第8章。——译者

② 见《新约全书·路加福音》，第22章第25、26节。——译者

③ 见《新约全书·马太福音》，第20章第20—27节。——译者

④ 至1911年8月10日英国议会的下院才表决议员应支薪水。——译者

的是自己的事，然而地位并不高于他们的同胞；在家里他们自奉俭朴，在街上他们和常人一样，谁都可以自由地、亲切友好地和他们交谈，用不着加以崇拜。试问还有哪一种政府比自由共和国更接近基督所指出的政府呢？一个国王可就不同了。人们必须奉之若神，他身居骄奢淫逸之宫，靡费浩繁，奢侈无度，宴饮终日，演戏取乐；①这种生活腐蚀我国年轻有为的男女士绅，他们不仅以宫廷的放荡生活为消遣，而且趋之若鹜，引以为荣。此外，还有一个给人以同样沉重负担的王后，她多半来自外国，而且信奉天主教；她还有个母后，也是天主教徒；她们各设宫廷，各有无数侍从；然后生出了王子，不久也各设豪华的宫廷，增加服事人员，其中不仅有仆役侍者，而且有贵族绅士；他们自幼所受的教育使他们不想服公役，只想当皇差、任主管、做侍从、守门、看马甚至于刷马桶；而且在宫廷的反道德、反礼教的影响下，他们变得越下贱，也就越骄横、

① 演假面具戏是当时宫中盛行的娱乐，布景化装耗费很大。演歇利(J. Shirley)的《和平的胜利》(*The Triumph of Peace*)时，宫中开支二万一千镑。——译者

越荒唐。我们总还记得英国不久以前就是这个样子;①或者看一看每日以利禄为饵吸引并败坏新教徒贵族的法国宫廷今天的样子,②也就够了。

至于费用方面的负担,我们吃了亏以后,就会知道的;这只好说是我们为我们的投降和他们的淫乱生活这么一种好处而付出的庞大代价吧;可是我们今天还想把代价尽量低估,还是糊涂绝顶地乐于为独夫付出代价!这个人如果对公众真有什么用处的话,也不过以珍馐美味宴飨宾客,在国家举行的仪式里摆出一副傲慢的神气,盛装丽服,前呼后拥,左右都是逢迎谄媚的人,尽恭维与崇拜

① “这个国王〔詹姆斯一世(James Ⅰ)〕的宫廷极为淫秽。……全国士绅竞相效尤,朱门华宅肮脏得像猪圈一样。为了消磨大家的志气,各地方演出假面具戏、舞台剧或举行各种粗鄙的娱乐。谋杀、乱伦、奸淫、酗酒、渎神、通奸和一切秽行都成了公开的、受到鼓励的勾当,因为这一切都是从宫中学来的。”见哈钦森上校所著《回忆录》(*Memoirs of Colonel Hutchinson*)。查理二世的荒唐奢侈远远超过了詹姆斯一世。——译者

② 指当时路易十四(Louis XIV)的宫廷。——译者

的能事，虽然他个人不曾做过值得人们崇拜的事情。正如一位宫廷诗人近来比喻的那样，他高居上座，好像放在一长列含有数值的数字前的一个没用的大圈圈，怎能比别人更值得尊敬呢？其实对人民来说，如果他们的国王只是个大零，那倒很好、很幸福；可是他往往是个障碍、是害人虫、是全国的灾殃，更坏的是，你还不能动他、管他、更不能指摘他或惩治他而不引起同归于尽的危险，而不使全国震动，几乎覆灭；但在自由共和国里，任何犯罪的统治者或首脑都可以加以撤职或惩办，而不会发生些微骚动。

那么，把大家的幸福或安全的主要希望寄托在独夫身上的那种人，一定是疯子，或是头脑昏愦的人。因为独夫，如果碰巧是好的，也只能做其他任何人所能做的事；如果是坏的，就能恣意作恶，坏事比千百万人做得还多。把一国的幸福托付给人民自己选出的自由而完整的议会，才是最安全、最妥善的办法，因为在这种议会里发挥主导作用的，不是个人而是理智。你看这种人多么疯狂——他们本来能够正大光明地管好自己的事情，然而懒惰成性，不知振作，把事情都交给独夫；却像未成年的孩子，一切都委托他来保护与照管，而他又不能执行自己所承担的任务，并在优厚的待遇下承担了任务之后，不来做他们的仆人，却来做他们的主人！把这个人看作我们的生命，依靠他取得我们的全部幸福、安全与福利，这是多么懦弱无能；我们只要不是懒汉、不是婴儿，便只需依靠上帝、依靠自己的主见，勤勉积极，发奋图强，便能得到我们的全部幸福、安全与福利！所罗门（Solomon）说："懒惰人哪，你去察看蚂蚁的动作，就可得智慧。蚂蚁没有元帅，没有官长，没有君王，尚且在夏天预备食物，在收割时聚敛粮食。"[①]这几句话清楚地说明了认为一国无君便一定垮台的人，虽然摆出一副严肃或高傲的神气，还不如蚂蚁有志气、有见识：从这里我们既不能认为那些勤劳的小动物是在毫无法纪的无政府状态中生活，也不向人们推荐无政府状态，而是给粗鲁放肆的人举出一个勤俭自治的民主或共和的榜样；这种民主或共和采取许多勤劳平等的人共同商量与策划的办法，比一个专横君主的个人统治更安全、更有发展前途。

① 见《旧约全书·箴言》，第 6 章第 6、7 节。——译者

实在令人惊异的是，自称为爱自由的民族竟能容忍任何人擅自认定他是他们的主人，有统治他们的世袭权利，而在承认这种权利时，这个民族便认定自己是他的仆从、臣属，因而放弃了自己的自由。一个民族尤其是他们的领袖，既为自由做过如此光荣的斗争，怎能这样做，怎能把迄今完全符合于自由人民的尊严的那些高尚言行一变而为卑鄙而又必要的对于宫廷的阿谀谄媚、匍匐跪拜，这不但令人惊异，而且是思之痛心的。一个民族既在战场上那样英勇果敢地赢得了自由，在赢得自由以后，却在计谋策划中又如此懦怯、糊涂，以至于不晓得怎样利用它、珍视它，不晓得怎样对待它、怎样对待他们自己，而在与暴政进行十至十二年的顺利的战争与角逐①后，却又下贱地、愚蠢地把自己的脖子重新套进已被他们打碎了的枷锁中，却又把胜利的果实，连同过去的光荣和任何帝王或暴君都无从夸耀他们也曾作出过的那种光辉范例，

① 英国资产阶级革命自1642年开始，1646年打败王军，1650年打败爱尔兰，1651年打败苏格兰，先后历时十年；如从1640年召集长期议会算起，便是十二年。——译者

一无代价地献到已被他们征服的人的脚下。这种不曾落在享有自由的任何民族的头上的情况如果竟落在我们的头上，真是一种奇耻大辱；这种人无论是谁，是理当做奴隶的；但是不赞成他们的那一部分人——我想这一部分人不是少数——是冤枉的、不该被他们连累到同样的奴役中去的。

在考虑这些十分浅显而合理的事情的同时，我在另一方面觉得更奇怪的是：一个具有真正的正义与宗教原则的人，怎能那样僭越，认为自己就是同胞们的王与主，虽然自己不能不知道，大部分同胞，无论作为人或基督徒，在各方面都跟他一样或比他更优越！他怎能那样夸耀他那种远非其他人所能及的皇家豪华！换句话说，他既然也是基督徒，怎能那样异乎寻常地作威作福；因为我们共同的王与主、基督是把他的王国在这个世界上隐蔽起来的，而且亲口明令禁止所有的门徒仿效外邦人的这一做法！新教徒都认为基督不曾在他的教会里留下他的权力的代理人，他没有代表，他是教会的唯一首脑，他从天上管理教会；既然基督不但不曾留下丝毫诫令要人们在一国之中安排一位像主教在教会里擅自冒称的那样的基督代理人，而且明白宣示君王统治原是外邦人的制度，不是他的意旨，并曾严格告诫我们不得模仿他们；那么，任何一个基督徒，除非他的篡夺行为比主教僭取教会首领的行为更为恶劣，怎能从基督那里取得王位呢？

无疑的，一切坦率而有见识的人很容易和我有一致的想法，认为没有独夫与上院的自由共和国若真能建设起来，自然是最好的政体；但是他们说："我们等候多年了，可就是等不到！"真的，从废除君主制那一天起，我们就该马上建设共和国，就该立即实行共和，早日满足人民享受共和国的秩序、安宁与福利的愿望；那样，我们的政府今天应是本固枝荣了，用不着害怕什么骚乱和变动了。这样荒废时日，不能及时推翻旧政府、建立新政府，是我们的不幸。很有理由说，造成这种情况的原因在于议会遭遇了不断的干扰、阻碍与解散；而议会之所以有这样的遭遇，一方面是由于一些人急躁、不合作①，另一方面是

① 急躁的人可能指平均派，他们比独立派较为激进。——译者

由于军队的个别领导人野心勃勃[①]；我相信，他们是违背军队本身和其他领导人的心意的，只是后者还不明白或没有力量而已。

现在正是我们的机会，正是可以取得并一劳永逸地建设自由共和国的大好时机；我们既无任何困难，也不用等待。大选的公文已经发出去了；值得注意的是，这次召集自由议会的公文，不是用任何国王的名义，而是用自由保卫者的名义发出的。[②] 那么，只有议会能保证我们为自由人民时，这个议会才算是自由的，才真能配得上这一崇高的头衔。以往的议会从来不能像今天这样一无拘束地保证我们的自由，因为今天和往常不同，议会不是国王召集的，而是自由之声召集的。如果人们能放弃成见与

① 野心勃勃的军人大概指议会中的弗利特伍德(C. Fleetwood)、德斯伯罗(J. Desborough)、兰伯特等军官。——译者

② 关于这一点，在议会中当时有争论。见《佩皮斯日记》(*The Diary of Samuel Pepys*)，1660 年 3 月 9 日。所谓“自由议会”是指没有党派限制的议会。——译者

急躁情绪，能严肃冷静地考虑自己的宗教方面和政治方面的利益，能考虑自己的自由以及得到自由的唯一途径——这是我在后文将要提出的——并能遵照那些公正和必要的资格限制（据我所知，这些资格限制不曾取消，仍然按从前议会制定①时那样继续有效），选出能干的、不赞成独夫或上院的城乡议员来，如果人们能这样做，事情就成功了；至少自由共和国的基础便由此奠定，主要结构的主要部分也就建立起来了。这是因为每一个公正而自由的政府的根基（人们把一切都交给独夫管理时，已吃尽苦头了），就是由人民选出来为共同福利时时研讨公众事务的最有才干的人所组成的总议会。国家的主权必须交给这个最高议会，但不是转让给它，只是让它代理，好

① 1654 年护国时期第一届议会的选举条例是："凡自 1641—1642 年以后参加战争反对议会的人，除有充分证据说明思想确有转变者外，一律取消选举权或被选举权；凡与爱尔兰叛乱有关的人以及一切信仰罗马天主教的人，终身无选举权。除上述情形外，年龄在二十一岁以上、人格完整、虔敬上帝、行为正派并有财产值二百镑者，均有选举资格。"——译者

像存放在它那里的样子。可是要保证:最高议会必须掌握全国海陆军以维护大家的和平与自由;必须征收与管理国库岁入,但至少在开支方面应受人民代表的检查;必须制定或提出法律(我马上就要更清楚地加以说明),管理商务,处理对外的和战问题;并为了更加秘密而迅速地执行某些事务,必须像过去所做的那样,从议会内外选出一个国务院。

一般人心目中的议会是按届更选的,所以当我说最高议会或总议会的议员如果选得好,应是终身职务时,他们乍听之下可能感到奇怪;但是最高议会的工作本身是或可能是连续不断的,而且常是紧急的,得失的关键常系于某一刹那。会议日期不能像节日一样定在某一天,议员们必须时时准备应付与解决一切事务。正是由于工作的连续性,他们才能娴熟一切职务,最通晓国外情况,最了解国内人民,人民也最了解他们。共和国是一只总在扬帆前进的船,议员们坐在船尾掌舵;如果掌得很好,我们又何必冒着危险去更动他们呢?况且最高议会是国家的基石与栋梁;移动没有毛病的基石与栋梁是不利于建筑物的安全的。

所以我看不出那种不断更选的、暂时性的议会有什么好处;这种议会只能不断地动摇一个自由政府而不能使它安定下来,只能滋长骚乱与变动、标新立异、制造不安,只能在人们等待新议会以及在新议会慢慢地安定下来的时候,耽误当前的事务和时机。他们被选入议会后,如果找不出要事可做,便无事找事:或是更改和取消过去的法案,或是制定与增添新的法案,用以表现他们看见了前一届议员没有看见的东西,表现他们不是白白地相聚一堂,直至法令充斥,彼此抵触,实无法制可言。但是那些由于不能参加政府便有向隅之感,而且非自己入选不能安下心来的人如果抱负非凡、不能容忍早已选入议会的议员们担任终身职务,或者大家如果担心长期不断地掌握职权对于最忠诚的人也会起腐蚀作用,那么,我们还可以采用我们所知道的而且近来有人提出的权宜之计,即每年(间隔再长些,也许更好些)应有三分之一议员按选入时期先后轮流退出议会,并以同样人数填补所遗空额,借以防止他们终身供职时掌握过于专断的权力;人们称这一制度为“部分轮换制”①。

但我深愿政府的轮换制或半轮换制以能避免为妙；因为这种轮换很像命运的轮转。我看不出这种制度怎能不带来危害：它轮换出去许多最好的、最能干的人，而通过重新选举又轮换进来数目相同的、没有经验的和在其他方面不妥当的新人——这会影响公务的执行，大大降低工作的质量。我还认为由人民特别选出的并受到人民

① 1659年哈林顿(J. Harrington)在伦敦成立罗塔俱乐部(Rota Club)，每天晚上和人们讨论当时的政治。哈林顿的政见主要地反映在他所著的《大洋国》(*Commonwealth of Oceana*)一本书里；这本书在1656年出版，以小说体裁描述作者所设计的理想共和国。这个共和国主要根据两个原则：一是财产平衡，一是国民议会采取投票选举制和轮流退职的办法。他认为财产，尤其是土地掌握在少数人手中时，就不可能建成自由共和国；只有全国人民都是土地所有者时，国家才真是共和的。他说统治者在每年年终应有三分之一仍归为被统治者，并在三年内不得连选连任。这一俱乐部的主张得到某些有地位的人的重视，因而一时形成了一种势力。弥尔顿所说的“部分轮换制”就是指这种主张。——译者

的特殊信任的一个终身职的参议院在英国不是什么可怕的机构，因为这里的常备军和民兵里可靠的人是把武器操在自己手里的。[①] 所以我认为最高议会的议员，除因死亡或公正地被判有罪外，永不调换，这是最安全、最稳当、最不妨碍事务进行的办法；在一个漂浮的基础上什么东西能稳定牢固呢？但为解决这类性质的问题，任何一种可能的策略、任何一种调整办法，在正反两面都有道理可讲，所以我也很难先下判断。

然而为避免把我的话误解为纯粹是个人的意见，我还要举出充分的证据来。王国之所以被认为是比较安全、比较耐久，是因为国王是终身职，他的枢密院在多数情况下也是长期不变的。但是人们认为共和国是永生的，所以是最稳定、最安全并且最能免于命运的拨弄的；因为国王的死亡常引起许多带有危险性的变动，而偶尔的某一议员的死亡根本是无足轻重的；议会的主体好像永生之物，在无比伟大、无比崇高的共和国里仍然长远继

① 不过几年来军人干涉议会却是全国当时觉得不安的一个主要问题。——译者

续下去。所以在犹太，有摩西（Moses）建立的所谓撒尼德瑞姆的七十人最高议会；[①]在雅典，有阿雷乌泊果斯最高议会；[②]在斯巴达，有长老会议；[③]在罗马，有元老院；[④]这些组织都由终身职成员组成，因此，它们好像蝉联到许多世代后仍然不变。威尼斯每年不止一次更换某些特种国务院的成员，例如六人院等等；但维护和支撑政府的实际上的参议院是固定不变的全体贵族。[⑤] 联省共和国的

① 撒尼德瑞姆（Sanhedrim）是古代耶路撒冷的最高议会，由祭司、学者、耆老等七十一人组成，以祭师长为主席。——译者

② 阿雷乌泊果斯（Areopagus）是古代雅典贵族会议，负责监督法院，审判一部分谋杀案，指导宗教，管理青年教育，检查公众道德；由德高望重、富有工作经验的老年人组成。——译者

③ 长老会议最初是由古代斯巴达立法官莱喀古士（Lycurgus）的助手组成的。议员有定额，出缺时，他便命人民选出最好的、年满六十岁的人补充。——译者

④ 古罗马的元老院议员最初由贵族充任，后来由高级官员遴选，最后平民也能进入元老院。——译者

⑤ 威尼斯的内阁由总督、六名参议员、三名控（接下页注）

三级会议[1]其实就是由全国代表组成的国务院，在三至六年之后，一般地已不再由原来的人组成了；但每一城市的政府——这是自古以来主权所在的地方——是一个常设参议院，它是永不更换的，而且主要地由于这一点才被看成联省共和国自由的柱石。为什么在每一个秩序井然的共和国里都这样做呢？阐述政策的人举出如下的理由来：参议院的更换不止有损于参议院的尊严与光辉，而且削弱整个共和国，使它处于明显的危险中；同时国家的机密因之而时被泄露，极端重要的事务也不得不交给那些对过去事务根本不熟悉、根本没经验的新手。

(接上页注)诉院院长组成，此外还包括三个院的成员；其中两个五人院的成员各任期半年，一个六人院的成员每周轮流任职。见布朗：《威尼斯历史研究》(H. F. Brown: *Studies in Venetian History*)，第1卷，第300—301页。——译者

① 三级会议是联省共和国的立法机关。会议成员不是人民代表，而是各省使节。他们没有主权，只能代表各省议会。各省议会又只能代表各市政府。所以一切措施必须回报到各省议会，各省议会又必须回报到各市政府，然后才能决定。见戴维斯：《荷兰史》(C. M. Davies: *The History of Holland*)，第2卷，第75、442页。——译者

所以我不知道人们根据英国什么特点便认为继续更换的议会是我国最安全的体制，或认为这种议会在这里比在其他国家更方便，除非像外国人指摘的那样，说我们岛国人民有见异思迁的特性。但是良好的教育和积累的智慧应当改正水乡环境在我们性格上造成的朝三暮四的缺点，如果真有这个缺点的话。有人又会反对我们说，在设有永久参议院的国家里还有来自人民的补救办法，用以矫正参议院逐渐形成的专横：例如在雅典，除阿雷乌泊果斯之外还有一个由四五百人组成的参议院；①在斯巴达，还有埃伏尔；②在罗马，还有保

① 纪元前七世纪德拉古（Draco）创立四百人会议，由四个部落各选一百人组成。这个会议的职务是讨论当局将向人民提出的一切决议。以后名额增至五百人。见霍姆：《希腊史》（Holm：*The History of Greece*），第1卷，第392、400、422页。——译者

② 埃伏尔（Ephors）是斯巴达监察官，共五人。监察官凭借其对城邦各执政人员（包括国王在内）的监督和审判权力，逐渐凌驾于各行政机构之上。到公元前五世纪以后，五个监察官实际上操持了国政。“拉栖第蒙（Lacedaemon，（接上页注）

民官。[1]

但事实告诉我们，这些补救办法不是于人民无益，就是给人民带来过于放任的、毫无限制的民主，以致这种过大的权力终于毁灭了他们自己。人民的自由应委托给人民议会而不应委托给由重要人物组成的参议院这一主张的主要理由据说是：大人物总想扩大自己的权力，而普通人却能满足于维护自己的自由。这种看法，经验证明是毫无根据的：没有人比这种人民组织更加野心勃勃、更加

(接上页注)即斯巴达——译者)监察官对于城邦重要事务具有决定权力；但他们既然由全体平民中选任，常常有很穷乏的人当选了这个职务，这种人由于急需金钱，就容易开放贿赂之门。……这个重要机构〔指监察会议(Ephorate)——译者〕还有另一种缺点是它的权力过大，可以专断职务，虽然诸王也不能不仰承其鼻息。”见亚里士多德：《政治学》，第2卷第9章。——译者

① 罗马保民官最初仅二人，后来增为五人，最后增至十人，大概从纪元前490年起，就由人民选举。他们的职责是保卫人民，使他们不受贵族的压迫和元老院或执政官的欺凌。后来保民官的权力愈益扩大，他们终于参加元老院，制订法律，发布命令。——译者

无法无天地企图扩张其权力的了。这情形从罗马人民的历史看得很清楚。最初罗马平民有了自己的保民官就满足了;后来便和元老院发生争执,先要求一个执政官、继而要求两个执政官都由平民产生,不久又要求充任内务官和军务官,要把整个帝国都归他们掌握;终于他们崇拜那些最反对元老院的人,直到后来,马利乌斯①为了满足平民的毫无止境的要求,竟把他们长期斗争来的权力给完全断送了,让他们呻吟于苏拉②的暴政之下。因而必须十分精确地保持参议院和民众这两方面的权力的平衡。最近有人提议参议院由三百人组成,每年轮流退职;这就需要另设一个人民议会,由一千多人组成,每年相应

① 马利乌斯(C. Marius,纪元前 155—前 86 年)是屡著战功的罗马将军,曾七次被选为执政官。他曾批准保民官可以制订一切法律。这一决定终于影响他自己的地位,造成他的失败。——译者

② 苏拉(纪元前 138—前 78 年)和马利乌斯有同样战功。纪元前 88 年马利乌斯与苏拉失和,产生了二人之间的内讧。苏拉胜利,进军罗马,杀死许多仇人,自称独裁者,造成恐怖局势。——译者

地轮班退职。除了容易产生上述补救办法的那些弊端以外，这种人民议会还在议员来往旅行方面、在开会时期，不能不给国家带来许多麻烦与开销；它本身庞大笨拙，人数众多，在审查交给它审查的议案时不能尽其职责地仔细讨论问题；而且议员来自山南海北，不能常年在一处开会，来时也不过偶尔举举手，或把自己的选豆①或选票投入选票箱，连理由或意见都不必说明；如果把秘密告诉他们，他们也会泄露出去；还有，他们总是和参议院争权夺利，倾轧不休。无疑的，在我们目前动荡的局势下，最好把参议院的变动或限制推迟一步（因一时还不易做好），直到共和国已安享和平与安全，参议院也的确需要我们这样做时再加以变动或限制。

军人认为，大敌当前，改变作战部署是危险的。罗马人在侵犯他们的自由的敌人塔坤尼乌斯②活着的时候，

① 在古代希腊、罗马以及在联省共和国，人民在表决或选举时常用黑豆和白豆表示赞成和反对。——译者

② 据传说塔坤尼乌斯（Tarquinius）是古罗马两个暴君的姓。——译者

既没有和元老院进行过斗争，也没有选举保民官以保卫自己、抗拒贵族，直到国王被推翻十六年后，国家完全稳定了，他们才从参议院里找到或自以为找到选举保民官的正当理由。另一种办法是严格限制并改良选举，不把一切都交给那些喧哗叫嚣的粗野群众，而是只允许他们之中确有资格的人尽量提名，再从这个名单里由一些更有教养的人更加审慎地选出更少的人来，一直经过三次或四次极其严格的选拔后，才剩下和名额相符的人数，也就是多数人认为最好的人。

要使选民具备选举的最好条件，要使被选人具备管理国家的最好条件，必须改革我们目前的错误腐败的教育；必须教育人民要有信仰，也要有品德，要戒饮节欲、谦虚俭约、正直端方；不要让他们羡慕富贵荣华，要让他们仇视暴乱与野心；必须使每个人把自己的福利与幸福建筑在国家的和平、自由与安全上。那样，他们就毋需十分猜疑选入最高议会的同胞了；那样，当选的同胞也就可以名实相符地被叫做自由的保卫者了，虽然他们的主要工作是处理外交事务[①]。但为避免一切猜疑，每个郡的主要城市都应设立人民自己的普通议会（有了这种议会就可以废除讨厌的委员会的名目与权力）；于是许多人就不必应召而长期远离家乡或举家迁徙，从而避免人力、金钱和时间的浪费；这些人各在本郡或郡以下的范围内，做许多保卫自由的工作，可以和一个特意组成和召开的、由他们全体参加并采用十分谨慎的轮流退职制的人数众多的大会发挥同样的作用。关于这一点，在本文结束之前我还要细谈，因为把它留到那时讲，我们就可以有步骤地把问题交代得更全面。我想人民把这些事都仔细想了，也都做了，就没有理由疑惧了。虽然以最高议会或总议会（Grand or General Council）为名的——原来的议会（Parliament）这一名词应该取消，因为它的含义本是诺曼（Norman）王高兴时把贵族和平民召集来和他们交谈（parley）的意思——议会的成员在权力上受到一定限制的同时，都是终身供职，只要他们都是忠诚的、一心维护

① 这里是说，举国向善，需要最高议会去做的只是与外国打交道了。——译者

自由共和国的就行。

要是做不到这一点，我怀疑我们国家能否真正地、彻底地安定下来；不到那一天，我们不可能看到我们的困难得到解决、我们不断的变乱得到结束，至少看不到我们自由的真正稳定与保证。最高议会既能这样巩固地成为永久议会，在任何成员死亡或出缺时能随时补足定额，我们就没有理由再说全国不能有和平、正义、兴隆的贸易和繁荣的景象；而且在人力所能给予的保证下，这一切会长远继续下去（愿上帝施恩，愿我们自作的罪孽没有触怒他！），一直到我们真正的、合法的、可以期待的唯一的王，唯一的不愧为王的王（因为他是我们唯一的救世主、弥赛亚、基督、他的永恒的父的唯一的继承人、在救世工作完成后唯一的由他永恒的父涂油并任命的万民之主）来临的时候。

现在建议的办法是浅显易行的，我们都可以做到的；这里没有什么复杂性，没有提出新的或绝对的形式或条件，或外国规范——没有只能以一些新指令限制人类天赋自由，致使一切道德成为命令、奴役或强迫，大大损害基督教自由的主张。我重复说一遍，我们能够自由地、顺利地实行这种办法；它不会带来什么麻烦，不会新增什么负担，不需要对土地和财产加以可怕和有害的变动或限制；它是可靠的办法，因为在消灭了世俗贵族与僧侣贵族的这种共和国里，没有哪一个人或许多人能占有过多的财产，所以不需要用土地法（这种法只是在土地第一次被占有时及时实行才有用处，此后它不过是造成叛乱的根源）去限制他们，使他们不能危害大家的自由。总结一句话，谁也不能以不切实际来批评这种办法，免得以后有人说，我们当时放弃了自由，是因为没有人对自由共和国提出一种切实可行的办法或明确的形式。此外，我们比邻邦共和国还会有一种优越性（只要我们能够拒不接受那种实行类似威尼斯公爵制的糊涂思想，那是阴谋盗取王冠的某些野心家近来灌输到许多人的头脑中的思想），这就是我们没有对纳绍①之类的豪门巨族承担任何义务，从而给我们的自由带来拘束或阴影，使我们永远处于疑虑之中；我们将是毫无疑问的、盖世无双的绝对自由的

① 纳绍（Nassau）是德国的豪门巨族，荷兰原来的王室是纳绍家族的分支。——译者

民族。

反之，如果我们像轻率的群众现在切盼的那样立了一个国王，请注意，我们可能大大丧失掉在自由共和国将立即享有的一切幸福。首先，像我在前面讲过的，共和国最高议会是永不休会的（除因工作空闲可暂时休会或放假，这时由国务院代行职务并无困难），那时却要看国王是否愿意召集了，而且他要尽一切努力，减少会议。国王会说，召集议会是国王的权利；但即使他召集议会，主要也是为自己的私事，而不是为国家的公事，这在议会召集后，马上就清楚了。那时议会的任务和消耗其大部分时间的只是一场永无休止的斗争：一方面要求民权，另一方面要求王家特权，尤其是关于否决权、民兵管理、王室津贴等特权；国王的这些要求对下院议员来说，本来是毫无理由的，往往是一种勒索；下院议员本是人民及其自由的唯一的真正代表，但那时将和一个宫廷党派混在一起；除去内部的分裂外，议员中忠实于人民的那部分人，还得对付外部的两种兴风作浪的反动敌手——国王的两种帮凶：一是僧侣贵族，一是十分可能人数较多的世俗贵族；他们对人民的自由都是毫不关心的。

这些人想做的事是极端违反人民利益的。如果他们不能为所欲为，不久便要解散议会，或让它开会而无所事事，使它不能为人民解除一点疾苦，不能给人民做一点好事。其次，国务院那时不是议会选定的，而是国王选定的了；当选的自然都是他的党羽、朝臣、亲信；毫无疑问，这些人在考虑一切问题时将把他们主子的威严与极权尽可能地高高摆在人民的自由之上。我不否认可能有这样一种国王，他把公家利益放在自己利益之上，他没有奸佞的宠信，只是倾听议会中最聪明、最正直的言论；但在并非由选举产生的君主政体里，这种情形是罕见的；一个明智的民族不应该把自己的幸福和安全全部交给命运支配。国王的主要职能仅仅是倾听人民的意见。既然人民在没有主子的情况下满可以更好更快地、更有本事地、更有气派地执掌政务，他们为什么要听凭命运支配呢？这该是多么荒谬啊！崇拜独夫，给他当奴隶，为了要他去做他简直不能做或不肯做的、可是我们自己不用他满可以做得更轻松、更有效、更漂亮的工作，这不是无比的愚蠢吗？难道我们一辈子都不能聪明一些，不能及时利用过去最重要的教训、经验与范例吗？做奴隶竟有不可言状的快乐吗？带枷锁竟是妙不可言的幸福吗？竟乐于锒铛作响地带着奴役性的伪造法律所加在我们身上的比非法损害与暴力所强加的更难容忍、更难解脱的镣铐吗？

这种理论也许有人，如王党中人，认为是党派的偏见，所以我们最好听听我们各大学中的主要导师亚里士多德的话。他在《政治学》第3卷里①告诉我们说：最初有些人由于德高望重，非众人所能及，或为众人立下了巨

① “古代各邦一般都通行王制，王制所以适于古代，由于那时贤哲稀少，而且各邦都地小人稀。另一理由是古代诸王都曾经对人民积有功德，同时少数具有才德的人也未必对世人全无恩泽，但功德特大的一人首先受到了拥戴。随后，有同样才德的人增多了，他们不甘心受制于一人，要求共同参加治理，这样就产生了立宪政体。更后，这些贤良的人渐趋腐败；他们侵占公共财物，据以自肥——这里就滋生了尚富的渊源，而邦国的名位渐渐以财产为根据，由是兴起了寡头（财阀）政体。随后，寡头政体先变为僭政，接着僭政又变为平民政体。追溯这一系列变迁的原因无非就在于为政者凭借名位，竞尚贪婪，于是减少了参与统治的团体和人数，增强了平民群众的势力，终致发生变乱，而最后建立了平民政体。”见亚里士多德：《政治学》，第3卷第15章。——译者

大功勋，并因当时找不出和他们一样好的人，便在小城市和小地区内被人民群众拥戴为王；但是后来由于他们滥用职权，又因政府规模渐大，贤明之士增多，人民便废弃暴君，在一些文化最高的地方开始建立自由共和国。那么，我们为什么这样妄自菲薄，瞧不起自己的民族，以致担心我们缺乏共商国是的德才兼备的人呢？我们只要想尽办法，毫无偏私地把他们找出来、选出来，而不是自投罗网，给自由的天然敌人与压迫者、独夫做奴隶就行了；这个人纵然是好人，也由于他的特殊权力与崇高地位远比我们选出来的人更容易腐化堕落或者至少不如他们那样足以担负政府的重任，而且也不会同样地想使我们幸福，想使我们在他的统治下享受自由生活。

但是即使我们承认君主制是适合某些民族的，君主制在英国既经废除，如再恢复，将成为十分凶恶的东西。这是因为卷土重来的国王绝对忘不了从前他被驱逐的事，因而必将充分防卫并武装自己，以免日后人民有任何类似的企图。那时人民将受严密的监视，抬不起头来，以致永远不能恢复今天已经取得的并可以享有的一切，不能从自己身上的枷锁中解放出来，即使他们比过去任何时候都更想这样做，即使他们再耗去同样多的生命财产。其实，人民也不敢这样做了，如果他们这些最大的企图失败了，他们对前途会完全丧失信心的；这将是今后一切暴君对于反抗压迫的任何民族的胜利；他们对其他民族将大言不惭地说："你们看叛乱的英国人的下场如何！"他们对我们的后人将大言不惭地说："你们看你们叛乱的祖先的下场如何！"

这不是我的猜测，而是从上帝对仿效外邦人的以色列人的众所周知的斥责中得出的结论。当初以色列人享有上帝亲自规定的共和政治，上帝是他们唯一的王，他们是上帝的选民；可是他们一心要学外邦人，因而借口撒母耳的儿子的失政①——其实用这一理由反对他们的共和也就像把以利的儿子的暴行②归罪于祭司或宗教一样——要求册立国王。他们得到了满足，但也激起了上

① 《旧约全书·撒母耳记（上）》，第 8 章第 4、5 节。——译者

② 《旧约全书·撒母耳记（上）》，第 2 章第 12—17 节；第5 章第 12—14 节。——译者

帝的愤怒:"那时你们必因所选的王哀求耶和华,耶和华却不应允你们。"[①]如果耶和华今天还肯应允我们,今后我们再哀求,他应允我们的将比今天差多少啊!因为我们是耶和华从国王手里救出来的,而且是用奇迹救出来的,可是我们忘掉了、辜负了他的深厚慈爱,如果他不制止我们,我们就要急转直下地回到他把我们救出来的那种奴役中去!

然而我们十分喜爱的这种新的镀金枷锁,要想弄到手或买回来,却也不是轻而易举的事:新的王室岁收和新的主教岁收——两者是不可分的——还得筹划出来;因为原来的王室和主教的岁收全被挥霍掉了,或被私人买去了,或用作薪资尤其是军饷;如今要恢复这些岁收,不能不普遍地引起人民产业上的损失与混乱,或者不得不强迫每个人都拿出不少钱来;得到便宜的只有那些最下流、最卑鄙的人,这些人希望的是在宫廷内的花天酒地、放荡挥霍的生活中做个仆役侍从,或从中谋利沾光。但

① 《旧约全书·撒母耳记(上)》,第 8 章第 18 节。——译者

是姑且不谈我们产业上的损失与额外的捐税，先想一想这位首要人物和他那些从者们将记起什么样的仇恨、将实行什么样的报复吧！他们会要我们还债、赔款，要提出控告、起诉，进行审讯、揭发、申诉、告密等等，谁晓得都是对谁呀？对多少人呀（也许对方只是中间派）？如果不是极端的惩罚，也得坐监牢、缴罚金、被放逐、受折磨。即使不受这些惩罚，那么除去已知的王党和他的宠信以外，大家也得大大地受闲气、遭白眼、被藐视。①

新近变为王党的长老派②也不要认为自己过去的行动（虽然他们表示悔罪了）会被人家忘掉；无论签订什么

① 王朝复辟后，国王的岁收定为一百二十万镑，比查理一世时多三十万镑；同时规定被没收的王室的、教会的以及私人的土地归还原主。十三个弑君者被处死刑，其余的弑君者与反对派有判处徒刑的，有被剥夺财产与官职的，还有许多人逃亡到外国。——译者

② 长老派自 1648 年独立派控制议会后已蜕化为保王党。王朝复辟后，长老派里没有人再谈长老教制的，或谈长老教制与主教制的不同的。其实他们已改了教派，都同意接受主教制，只希望主教制的要求不太严格就行了。——译者

条款也是靠不住的。他们不信吗？不记得过去和苏格兰签订的和约如何遵守的吗？不记得过去对我们所作的多次庄严的诺言如何遵守的吗？好吧，现在请他们读读那些穷凶极恶、预兆未来的诽谤文章吧；①请他们看看那些显然活跃在今天一切公共场所里的嘴脸与姿态吧——这都是预示那些希望统治我们的人即将来临的东西；请听听最近从他们洞穴里——我也可以说从他们地狱里爬出来的愈益嚣张的敌人在他们凶恶的小册子里，从每个醉汉、每个渎神者的嘴里，所作的侮辱、威胁与谩骂吧！这些人都不署名，不是因为得不到出版许可证，而是自惭形秽，不敢公开署名，但他们竟指着鼻子骂别人，要我们预先料到，他们一旦得势，会以更加邪恶的行动配合今天这些邪恶的语言。

让那些热心于倒退的人自己先想一想，当他们的脖

① 从1640年开始至1660年王朝复辟这二十年内，全国出版的政论小册子约三万册（后来装成两千册，藏在英国博物馆）。其中在1660年出版的小册子多是反对议会与长老教制的诽谤性小册子。——译者

子同巴克斯的驾车虎[1]——这群虎不是讲道的热心人，而是汗浴桶中的热心人，[2]因为他们身上除梅毒以外没有更干净的东西——套在一起的时候，他们就能怎样地和这些新出洞的无神教徒一道把国王的车子拉到建立宗教纪律的路上去！不过他们也还没有资格和这些狂徒并肩拉套，而是套在人家底下，让人家骑在肩上。这些急于欢迎独夫的人以为能长期得到他的信任与照顾吗？他们将得到的信任与照顾不会多于和国王妥协的敌人通常所得到的：一开始，人家是爱理不理的，不久之后，他们即使不作为老叛国者论罪——他们是后来一切事变的最初鼓动者、创始人，并有三分之一以上是实际行动者——也要被抛弃在一边。

① 据希腊神话，巴克斯(Bacchus)是宙斯(Zeus)与西米里(Semele)所生的儿子，是山林女神在尼沙山教养成人的。他远征东土，教人民以文化与栽种葡萄。常乘战车，驾以群虎。——译者

② 汗浴桶，汗浴时所用木桶。从前欧洲人患性病者常用汗浴疗疾。——译者

人们还会看到，那时和现在一样有必要（因为仍然害怕反对派）设立常备军；[①]当然它不是今天这支军队了，而是极其凶狠的骑士，开支一定不小，也许还由鲁珀特[②]统辖。但是我敢断言，今天的这支军队不久就得解散，十分可能连欠饷与薪金都不发了。解散之后，说不定有人要盘问他们当初为什么执戈造反。曾经捐款的人也请加小心——人数并不少——因为那时候必然要轮到他们做犯罪人和赎罪人[③]了。可是一些不可理喻、无可救药的拥护王权的人也许会说，绝大多数人既然愿意这么做，其余的人也只好听命了。

不是为了说服这些人——我不存这种希望——而是

① 复辟后议会拟取消军队，但因伦敦时有骚动，给国王保留了五千名士兵。——译者

② 鲁珀特（Rupert）是查理一世的侄儿，在革命期间统率王军，以行动敏捷、残酷好杀著称。——译者

③ 原来议会称附和王党的人为犯罪人；犯罪人在规定的日期以前悔过自新的，可交一定的赎金，免受处罚。——译者

为了坚决不投降的人，我这样回答说：这些绝大多数人无论就道理还是就正义战争的考验讲都是已经丧失了选择政府权利的人。至于那些并未丧失权利的人，其中主张恢复王权的是多数还是少数，有谁能断定呢？而且，即使他们是多数，在共和国里他们也和少数人一样分享作为政府主要目的的自由；假如大部分人不珍惜自由、甘心放弃自由，那么，反对政府主要目的的大部分人就应该奴役那些争取自由的小部分人，难道这是公正合理的吗？毫无疑问，比较公正的做法是，即使使用暴力，少数人也要强迫多数人维护自由——这样做对多数人实无害处——而不是多数人甘居下流，强迫少数人同他们一样做奴隶——那样做对少数人大有损害。一心追求自己正当的自由的人，只要有力量就有权利赢得自由、保卫自由，无论反对自由的呼声多么大。保卫自由，使自由不受王权的蹂躏，保卫自由，使投靠王权的人不至于把我们连同他们自己一起陷害了，一起出卖到痛苦与奴役的深渊——这对我们比对别人更有多大的切身利害，我就不必赘述了。

我在上文说明了我们现在可以多么轻而易举地取得自由共和国，并借助自由共和国可以同样容易地取得我们企求的一切自由、和平、正义与富饶；另一方面我说明了在王权之下，我们要想永远享受这些好处是多么困难、成问题、靠不住，不，应该说不可能；现在我想进一步更细致地说明在自由共和国里，我们的自由与繁荣会在哪些方面比在王国里更充实、更可靠。

人的全部自由包括信仰自由与公民自由。先就信仰自由说吧。一个人怎能心安理得、怎能心满意足地享受世间的任何事物？如果他领会了上帝启示出来的意旨，[①]得到了圣灵的指导，却不能按照上帝照耀在他心上的最灿烂的光辉自由地侍奉上帝，拯救自己的灵魂（虽然那光辉正是为了这种目的而照耀的），能这样做是最合乎神意的，同时整个新教教会在宗教问题上也只承认圣经是最高的权威和准则；而且圣经只能按圣经本文作解释，这就必然含有信仰自由的意思。所有这一切，我在另一篇论文里[②]已

① 弥尔顿认为圣经是上帝意旨的启示录。——译者

② 指《论基督教教义》。此书约于1658—1660年间写成，到1825年才出版。书中引圣经原文，证明神、基督与人的性质以及彼此之间的关系。——译者

经详细论证过了；如有必要，我还可以引证宗教改革后历史上显而易见的各个教会与国家的公开宣言、声明与训诫，进一步说明上面的问题。

人人都应该最喜爱、最珍视的信仰自由，只有自由共和国最能尽心促进、加意卫护；因为自由共和国政府是最大方、最无畏、对自己的公正行为最有信心的政府。国王色厉内荏，多疑虑、善猜忌，每闻风声鹤唳，便吓得胆战心惊；我们看到在过去国王最猜疑、最不信任的总是那些道德高尚、胸襟豁达因而最受人尊敬的人；在今天我们知道他最猜忌的是人们认为最虔诚的人。伊丽莎白女王虽说是一位十分善良的新教徒，为人十分宽厚，也深得人民的爱戴，但如坎登①所叙述的那样，当时长老派尽管一再要求宗教改革，她却始终不曾让步，反而监禁和迫害提倡改革的人；据她自己说，她的不可动摇的信念与原则是：宗教改革一定会削弱王权。

至于从摇篮里就开始受天主教与西班牙训练和管教

① 坎登（W. Camden，1551—1623），英国著名考古家，曾用拉丁文撰写伊丽莎白王朝编年史。——译者

并一向靠它们吃饭的那些在道义上要坏得多的人，那就更不用说了；我们还能从这种人那里求得信仰自由吗？尤其是今天的议会，①在最近恢复并公布从前的契约而且宣誓永不恢复主教制之后，它还能希望什么呢？因为归国的查理的儿子如果重视他父亲的极其严厉的遗嘱，是绝不会不把主教制带回来的。查理的遗嘱是："不只要坚持教义，而且要坚持英国国教的统治，迅速而有效地镇压异端和分裂活动，不得少懈。"查理认为长老派是主要的异端之一。

或者，即使他不顾父亲的遗命，接受了契约，他怎能在违背父命的情况下信守誓言呢？或者说，他怎能重视他的誓言，当这个誓言的基础必然是对他父亲的最庄严的遗嘱的背弃，是一切国王对长老派和独立派教义天生就有的一种抗拒，我也可以说是一种憎恨？因为他们听到福音里有很多地方谈到自由——这是国王与主教既惧

① 1660年2月在蒙克将军指令下长期议会曾一度恢复。这时它又把长老教定为国教，印发庄严同盟与契约，要求所有教堂一律宣读。——译者

且恨的名词，而自由共和国对这个词和它的具体内容则是珍惜的而又极力提倡的。愿我们当轴诸公及时注意，不然的话，他们在信仰自由方面所采取的严厉措施①也许会变成礁石，使他们自己毁灭，就像他们的前辈在上帝指导着建立自由共和国时遭到毁灭一样；②不然的话，为了少数人的已被觉察的虚伪与野心而抛弃他们所谓的一切小派别，这样做也许是自掘坟墓，排斥了自己一方由于允许自由信仰一切新教教派而具有的主要力量与利益，无论这些新教教派被人骂成什么样子。

我们自由的另一方面在于享受公民权利与各按才能得到应有的提升；没有比在自由共和国里享受自由的权利规定得更明确，提升的机会更公开的了。按我的看法，这两个问题的最好、最快的解决办法是把全国各郡都变成一种附属共和体或共和政府；按郡的大小，把一个或几

---

① 见本书第60页注①。——译者

② 国王投降后，议会中长老派还和国王商谈讲和。经普莱德上校清洗后，长老派才失势，革命事业便转入独立派手里。——译者

个主要镇——若还不是城的话——改名为城；把每个城的面积按郡区大小适当扩充，以便城中贵族和重要士绅能各按身份建筑宫室与房屋；他们参加当地政府，制定自己的法律，或运用早已定下的法律，并由自己选出的法院与法官执行管理公民的法律，不得上诉。这样，他们就把司法权掌握在自己手里，法律就在自己的郡和它的领域内得到充分的、最后的执行——这是人民想望和议论已久但至今还不曾办到的。所以如果法律执行得不好，他们不能指摘别人，只能怪罪自己；同时，他们不要想、也不要怕最高权力机关会颁布更多的法律；在需要制定有关公民自由的任何重要法律时，他们可以没有多大困难地在共和郡里或在本城特别召集的更加普及的全区会议里，声明和公布他们同意或不同意，并在一定期限内由代表把意见送呈最高议会；但他们所表示的意见必须服从全国各郡即各共和体的多数意见，不能以本郡为例外，或拒不同意其余各郡的意见，像联省共和国中任何一省可以做的那样；那里每一省都有独立自主权，这对整个共和国往往是很不利的。

他们在这些职务上可以获得比现在好得多的训练与

准备机会，直到将来按人民对他们的德才的估价，选拔到最高议会。在遇到几个郡的人们之间发生争执时，他们可以像现在这样到京城去，或到任何更方便的中立地区去，并由公正的法官进行公审。在古雅典共和国——据说是全希腊首屈一指的、文明最古的地方——我发现它的办法就是这样；古希腊人在不同城市中各有自己的政府，在雅典城则有个共同的政府；他们有权参加这两种政府。

人们在家乡还可以自由建立学校和学院，可以看到自己的子女学到一切知识，受到高尚教育；不只学语法，而且学各门知识同时也受到体育训练。这样，把政治与文化的热力较为普及地传到目前仍是麻木不仁和无人过问的边远地区，就能在全国各地很快地传播更多的知识与文化以及宗教，就能很快地使全国人民更勤奋、更聪明，使国家更强大、更光荣。一个自由共和国会毫不踌躇地同意这样做（实际上议会有过这类计划）；因为在一切政体之中共和国是最希望人民生活繁荣、道德高尚、生气勃勃的。专制君主绝不允许这样做；也许他们也确实想使人民富庶，使人民的绒毛长得厚厚的，但都是为了让他们去收剪，为了供应王家的挥霍；除此之外，他们只想使人民最柔顺、最下贱、最没品行、最低三下四、最易于驾驭。他们要我们像绵羊一般不但身上长羊毛，而且头脑很愚笨；他们要把全部审判席位与国王宝座合而为一，好像给人民主持正义是国王赏赐恩典似的；其实对人民的自由来说，没有比掌握司法机关和所有的文教机关更重要的了：这一切都应该是人民自己选出的，而且在自己区域以内，因而不用长途跋涉、不用走到遥远地方，就可以享受自己的权利或取得任何文化方面的成就，只要这一切都不是最高一级的，而是服从整个共和国的总的政权与统一就行。

如上所述，我们将安如磐石，十分幸福；在这方面，我们会比联省共和国优越得多，因为我们不像他们那样（他们的制度常使会议分散或耽误紧急事务）把许多主权省份联合成一个共和国，而是把许多共和体放在一个联合的、受委托的主权国之下。当我们为了建设一个坚强的自由共和国而把海军和陆军——无论是为民效忠的军队或是长期的民兵——掌握在自己手里，当我们规定国库收支由我们自己检查、全国的法律和税则以及制订它们的缘由由我们本郡表决、本郡的法律和机关以及学校由我们安排与管理，当我们把分离与割裂共同利益的贵族与平民之间的一切差别取消之后，一个永久的参议院还有什么可以腐化的，可以侵害我们或榨取我们的？即使他们真是这样了，又有什么可怕的？然而假如这一切都不足以解除对终身职务的疑惧或嫌恶，我们还有简易的办法，即如上文提过的，规定每年或每二年或每三年改选三分之一议员，或规定届时人民可按实际需要自由决定是改选还是连任。

现在我没有更多的话可说了；几句话思索透彻了，就可以拯救我们；几件容易做的事及时做了，就可以拯救我们。但是假如人们毫无理性、毫无根据地认为只有建立王国才能恢复贸易，竟心甘情愿地出卖宗教与自由（他们忘记了在王国时期有多少次瘟疫与鼠疫①蹂躏伦敦，而在共和国成立后承蒙上帝慈爱，我们不曾遭到这种不幸；

① 1660年以前伦敦最大的瘟疫发生在1603年和1625年。——译者

他们忘记了眼前贸易最兴隆的地方[1]恰恰是意大利、德意志和尼德兰自由共和国);假如贸易由于商人的奢侈生活已成为如此迫切的需要,以致全国人民必须把金钱挥霍浪费于奢侈无用之物才能维持贸易,以致人民如果节俭成风那将是危险的事,唯恐缺少贸易的商人实行叛变——所以我们为维持贸易就必须放弃或出卖宗教、自由、荣誉、安全与神人共同关心的一切;最后,假如在得见真正光明之后,大家竟认为应该把自己的脑袋重新放在王权之下,这样做的理由和犹太人之所以想回埃及去膜拜偶像皇后[2]的理由一样,即他们错误地认为在埃及能过比较富裕与繁荣的生活;假如上述一切属实,我们的情况无论在宗教还是在政治方面就不是健全的,而是腐朽的;按目前的发展情况看,我们很快就会遭到与奢侈生活永远分割不开的灾难,我们的民族很快就要在国内和外

① 当时主张王朝复辟的理由之一是宫廷的挥霍生活可以刺激贸易,并雇用更多的人员仆役。——译者

② 见《旧约全书·民数记》,第11章第4—6节,第14章第1—3节。——译者

来的奴役生活中遭到一切惩罚；无论我们怎样想入非非，把政体改为君主制是绝不会改善我们的状况的。

尽管如此，我还是冒着极大的危险，把我认为这时候我应该说的话都说出来，及时警告全国人民；我并不怀疑各地方、各阶层是有不少明智之士的，但我觉得遗憾的是在我们中间总不容易看到智慧所产生的效果。对于本文所谈到的问题，我可以补充许多详细情节；但现在把几件主要事项立即执行了，便足以挽救我们，便足以改正目前形势；而且任何时候都不缺乏善于计划细节的人，但把心思放在主要问题上并在当前十分艰难的时期肯于积极推动主要工作的人，我发现并不很多。

我的话是从那正确地称为“原有的正义事业”①的角度说的。如果有人觉得这些话有点奇怪，我希望那些倒退的人并不感到奇怪，而是觉得很有说服力。也许我应该说这些话，即使我知道我只是给树木顽石讲话，即使我知道我找不到哀号的对象，除非和先知同声哀号，“地呀，

① “原有的正义事业”是革命时期拥护共和并在王朝复辟后还想恢复共和国的那些老革命者的口号。——译者

地呀”,[1]把恣意妄为的大地居民置之不理的话向大地申诉,即使我的话竟是我们奄奄一息的自由的最后呼声——愿创造自由人类的上帝、愿拯救我们于奴役之中的基督不允许这种情形发生!但我相信我的话会说服许多贤明耿直之士,也许会说服一些顽石般的人:虽然他们似乎正在选举首领、要跟他返回埃及,却还可能被上帝唤醒,使他们成为复兴自由的战士;还可能被上帝争取过来,使他们认真考虑自己正冲向何方;使他们向人民的急流劝说:“还是顺着河道前进吧,不要这般狂暴。”这样,由于看见了我们共同敌人的张牙舞爪的情形而恢复并统一了大家的正确信念,由于正确地、及时地认识到这一狂暴的洪流在那些受蒙蔽、受利用的群众支持下将把大家冲击到什么样毁灭性的悬崖,他们终于会制止这种万分危险的行动。

① 见《旧约全书·耶利米书》,第22章第24—30节。——译者

图书在版编目(CIP)数据

建设自由共和国的简易办法/(英)约翰·弥尔顿著；殷宝书译. —北京：商务印书馆，2017
(汉译世界学术名著丛书：120年纪念版：珍藏本)
ISBN 978-7-100-14468-1

Ⅰ. ①建… Ⅱ. ①约… ②殷… Ⅲ. ①政治思想史—英国 Ⅳ. ①D095.61

中国版本图书馆CIP数据核字(2017)第154793号

汉译世界学术名著丛书
(120年纪念版·珍藏本)
建设自由共和国的简易办法
〔英〕约翰·弥尔顿 著
殷宝书 译

商 务 印 书 馆 出 版
(北京王府井大街36号 邮政编码100710)
商 务 印 书 馆 发 行
北京新华印刷有限公司印刷
ISBN 978-7-100-14468-1

2017年12月第1版 开本710×1000 1/16
2017年12月北京第1次印刷 印张5
定价：25.00元